KLEINE VOH-REIHE

GNADE FÜR DICH

John MacArthur

1. Auflage 2020
2. Auflage 2023

Originaltitel: Grace for you

Eckenhagener Str. 43
51580 Reichshof-Mittelagger
www.voh-shop.de

Lektorat: Sergej Pauli
Übersetzung, Textbearbeitung und Design: Voice of Hope

Bestell-Nr.: 875.260
ISBN 978-3-947978-60-1

Soweit nicht anders vermerkt, wurden die Bibelzitate der Schlachter-Bibel 2000 entnommen.

INHALT

EINLEITUNG

Geschichten über einen unorthodoxen Rabbi aus dem verschlafenen Dorf Nazareth sind über Monate von Galiläa aus in den Süden gesickert. Überall, in Wohnhäusern, auf Marktplätzen, und sogar im großen Tempel in Jerusalem schwirrte es von Gesprächen über den Mann namens Jesus, und ob Seine Wunder echt, gefälscht oder gar vom Teufel wären. Jene, die Ihn persönlich gesehen hatten, erzählten, Er könne kein anderer sein als der Messias. Nur ein vollmächtiger Mann Gottes könne Krankheiten heilen, verformte Gliedmaßen gerade machen, Blinden das Augenlicht geben und Tauben die Ohren öffnen. Manche berichteten sogar, sie hätten gesehen, wie Er Tote zum Leben erweckte. Als Jesus in Jerusalem eintraf, verbreiteten sich die Nachrichten über Ihn in der Stadt wie ein Lauffeuer; das zog große Volksmengen an, wo auch immer Er auftrat.

Bei einem besonderen Anlass kam die religiöse Elite heran, um Seine Theologie gründlich zu untersuchen; aber sie wurde bestürzt, als sie Ihn von Zöllnern und anderen Leuten umgeben fand, die wenig Interesse am Tempel hatten. Diese Experten in allen religiösen Dingen waren noch mehr darüber erschüttert, dass Jesus an der Gesellschaft von solch geistlich unerwünschten Personen Gefallen zu haben schien. Wie könnte ein echter Mann Gottes so uneinsichtig sein?!

Als die Pharisäer und Experten in den jüdischen Schriften in der Nähe der Volksmenge Jesus lauernd zuhörten und untereinander murrten, da erzählte Er ihnen eine Geschichte:

Ein Mensch hatte zwei Söhne. Und der jüngere von ihnen sprach zum Vater: »Gib mir den Teil des Vermögens, der mir zufällt, Vater!« Und er teilte ihnen das Gut. Und nicht lange danach packte der jüngere Sohn alles zusammen und reiste in ein fernes Land, und dort verschleuderte er sein Vermögen mit ausschweifendem Leben. Nachdem er aber alles aufgebraucht hatte, kam eine gewaltige Hungersnot über jenes Land, und auch er fing an, Mangel zu leiden. Da ging er hin und hängte sich an einen Bürger jenes Landes; der schickte ihn auf seine Äcker, die Schweine zu hüten. Und er begehrte, seinen Bauch zu füllen mit den Schoten, welche die Schweine fraßen; und niemand gab sie ihm.

Er kam aber zu sich selbst und sprach: »Wie viele Tagelöhner meines Vaters haben Brot im Überfluss, ich aber verderbe vor Hunger! Ich will mich aufmachen und zu meinem Vater gehen und zu ihm sagen: ›Vater, ich habe gesündigt gegen den Himmel und vor dir, und ich bin nicht mehr wert, dein Sohn zu heißen; mache mich zu einem deiner Tagelöhner!‹«

Und er machte sich auf und ging zu seinem Vater. Als er aber noch fern war, sah ihn sein Vater und hatte Erbarmen; und er lief, fiel ihm um den Hals und küsste ihn. Der Sohn aber sprach zu ihm: »Vater, ich habe gesündigt gegen den Himmel und vor dir, und ich bin nicht mehr wert, dein Sohn zu heißen!«

Aber der Vater sprach zu seinen Knechten: »Bringt das beste Festgewand her und zieht es ihm an, und gebt ihm einen Ring an seine Hand und Schuhe an die Füße; und bringt das gemästete Kalb her und schlachtet es; und lasst uns essen und fröhlich sein! Denn dieser mein Sohn war tot und ist wieder lebendig geworden; und er war verloren und ist wiedergefunden worden.« Und sie fingen an, fröhlich zu sein.

Aber sein älterer Sohn war auf dem Feld; und als er heimkam und sich dem Haus näherte, hörte er Musik und Tanz. Und er rief einen der Knechte herbei und erkundigte sich, was das sei. Der sprach zu ihm: »Dein Bruder ist gekommen, und dein Vater hat das gemästete Kalb geschlachtet, weil er ihn gesund wiedererhalten hat!«

Da wurde er zornig und wollte nicht hineingehen. Sein Vater nun ging hinaus und redete ihm zu. Er aber antwortete und sprach zum Vater: »Siehe, so viele Jahre diene ich dir und habe nie dein Gebot übertreten; und mir hast du nie einen Bock gegeben, damit ich mit meinen Freunden fröhlich sein kann. Nun aber, da dieser dein Sohn gekommen ist, der dein Gut mit Huren vergeudet hat, hast du für ihn das gemästete Kalb geschlachtet!«

Er aber sprach zu ihm: »Mein Sohn, du bist allezeit bei mir, und alles, was mein ist, das ist dein. Du solltest aber fröhlich sein und dich freuen; denn dieser dein Bruder war tot und ist wieder lebendig geworden, und er war verloren und ist wiedergefunden worden!«

Lukas 15,11-32

Von allen Geschichten, die Jesus erzählte, ist diese die detailreichste, kraftvollste, dramatischste und eine äußerst persönliche. Sie ist voller Gemütsbewegungen – von Traurigkeit über Triumpf bis hin zu einem Gefühl des Schocks und schlussendlich zu einem beunruhigenden Wunsch nach einem Abschluss oder einer Auflösung. Die Charaktere sind vertraut; somit ist es für die Menschen leicht, sich mit dem verlorenen Sohn zu identifizieren, die Betrübnis des Vaters zu empfinden und gleichzeitig auch (in gewissem Maße) mit dem älteren Bruder mitzufühlen. Die Geschichte ist in vielen Ebenen denkwürdig, nicht zuletzt wegen der von Jesus geweckten düsteren Bilder. Die Beschreibung des verlorenen Sohnes, der so verzweifelt hungrig war, dass er bereit war, Schoten vom Schweinefutter zu essen, zeigt derart drastisch seinen jugendlichen Verfall auf, dass es für die jüdische Zuhörerschaft unsagbar abstoßend war.

Was diese Erzählung zusätzlich unvergesslich macht, ist die ergreifende Reaktion des Vaters, als sein verlorener Sohn zurückkehrt. Die Freude des Vaters war reich an zartem Mitgefühl. Gebrochenen Herzens und zweifellos zutiefst verwundet über die törichte Rebellion seines jüngeren Sohnes, drückte der Vater dennoch reine Freude aus, ohne den kleinsten Hauch von Bitterkeit, als sein auf Abwege geratener Sohn sich nach Hause schleppte. Wer wäre nicht bewegt von dieser Art von Liebe?!

Nur wenige Menschen erinnern sich jedoch gut an den älteren Sohn im Gleichnis. Sein unbeugsam eiserner Groll über die Barmherzigkeit des Vaters gegenüber seinem Bruder wird in vielen der populären Nacherzählungen oft übersehen. Dennoch ist dieser der Hauptgrund, weshalb Jesus dieses Gleichnis erzählte. Das Gleichnis von dem verlorenen Sohn ist nicht eine herzerwärmende und verschwommene Wohlfühl-Botschaft, sondern ein kraftvoller Weckruf mit einer sehr ernsten Warnung für Pharisäer (und alle ihre geistigen Verwandten) über die tödlichen Gefahren der Selbstgerechtigkeit.

Es gibt noch einen weiteren guten Grund, warum diese kurze Geschichte die Phantasie vieler Hörer anregt. Wir erkennen uns selbst darin wieder. Das Gleichnis erinnert uns an die schmerzlichsten Seiten der menschlichen Lage, und jene, die einen ehrlichen Blick auf sich selbst wagen, werden imstande sein, sich in der einen oder anderen Hinsicht in der Erfahrung des verlorenen Sohnes wiederzuerkennen. Es ist eine bewegende Geschichte der Umkehr, Vergebung, Erlösung und Freude, die unsere tiefsten menschlichen Gefühle berührt.

Um das Gleichnis jedoch richtig zu verstehen, müssen wir es mit den Augen eines Menschen in der Kultur des Judentums des ersten Jahrhunderts sehen. In solch einem Umfeld war der Gedanke, dass Gott bußfertige Sünder großzügig annehmen und ihnen vergeben würde (einschließlich der schlimmsten von ihnen), eine schockierende und revolutionäre Vorstellung. Nahezu keiner in dieser Gesellschaft konnte sich Gott als einen solchen vorstellen, der Seine Hand Sündern entgegenstreckt. Die meisten dachten, Seine einzige Haltung gegenüber Sündern wäre unerbittliche Ablehnung. Es war daher die Pflicht des reuigen Sünders, hart daran zu arbeiten, sich selbst zu erlösen und jeden Grad an göttlicher Gunst zu erlangen, den er verdienen konnte – vor allem durch langfristigen Gehorsam gegenüber den zeremoniellen Details des alttestamentlichen

Gesetzes. Deshalb war Jesu Vorgehensweise, solche Leute sofort in Seine Gemeinschaft aufzunehmen, ein öffentlicher Skandal.

Während die religiösen Experten im Hintergrund lauerten und untereinander murrend ihre Meinung mitteilten, rückte das Gesindel und der Pöbel der jüdischen Gesellschaft immer näher heran, um Jesu Geschichte zu hören. Ich lade dich nun ein, in deiner Beschäftigung innezuhalten und ebenfalls näherzurücken, um diese bekannte Geschichte genauer zu betrachten. Ich bin überzeugt, dass du diese Zeit nicht für vergeudet halten wirst. Und – wenn du dazu bereit bist, könnte es sein, dass du von nun an nie mehr derselbe sein wirst.

Jesus begann, indem Er die wichtigsten Personen vorstellte: »*Ein Mensch hatte zwei Söhne.*«

KAPITEL

1

DER UNVERSCHÄMTE SÜNDER

Das Bild, das Jesus zeichnet, handelt von einem jungen Mann, der offenbar noch nicht verheiratet ist – denn er möchte weggehen und sich austoben. Das Wort *prodigal (engl. »The Prodigal Son« – Der verschwenderische Sohn)* ist ein sehr altes englisches Wort, das von unbekümmerter Verschwendungssucht oder üppiger Zügellosigkeit spricht. Es wird manchmal für missratene Söhne und Töchter benutzt, aber es spricht nicht schlechthin von jugendlicher Rebellion.

Der Hauptgedanke hinter dem Wort *prodigal* ist der von Verschwendungssucht, Übermaß, Ausschweifung und Verprassen. Aber dahinter steht nicht die Vorstellung, dass der vorherrschende Charakterfehler des jungen Mannes lediglich darin bestand, dass er ein Geldverschwender gewesen sei. Jesus benutzte einen Ausdruck für »verschwenderisches Leben«, der einen starken Beigeschmack von Zügellosigkeit, sexueller

Freizügigkeit und moralischer Ausschweifung hat.

Dieser ruhelose Sohn war vermutlich im Jugendalter und offenbar von schamloser Respektlosigkeit gegenüber seinem Vater erfüllt. Seine Aufforderung zu einer vorzeitigen Erbteilung offenbart, wie leidenschaftlich hartnäckig und schändlich hartherzig sein Trotz war. Jeder, der mit der Kultur des Mittleren Ostens vertraut ist, würde dies sofort sehen. Sein Erbe vorzeitig zu verlangen, war für einen Sohn in jener Kultur gleichbedeutend damit, zu sagen: »Vater, ich wünschte, du wärst tot. Du stehst meinen Plänen im Wege. Du bist ein Hindernis. Ich will meine Freiheit. Ich will meine Erfüllung. Und ich will sofort raus aus dieser Familie. Ich habe andere Pläne, die dich nichts angehen, die Familie nichts angehen, diesen Gutshof nichts angehen, nicht einmal dieses Dorf. Ich will mit keinem von euch etwas zu tun haben. Gib mir jetzt mein Erbe, und ich bin weg von hier.«

Im Übrigen: Für ein solches Ausmaß an Dreistigkeit hätte man in jener Kultur als normale Reaktion des Vaters zumindest einen kräftigen Schlag ins Gesicht erwartet. Das wäre üblicherweise in aller Öffentlichkeit gemacht worden, um den Sohn zu beschämen, der seinem Vater eine solche Verachtung erwiesen hatte. Ein Sohn, der sich der Entehrung seines Vaters in diesem Maße schuldig gemacht hatte, konnte gut damit rechnen, von allem was er besaß, enteignet zu werden, um dann endgültig von der Familie abgewiesen zu werden. Für sie galt er als tot. So ernst war diese Verfehlung. Es war zu jener Zeit nicht unüblich, eine echte Beerdigung für ein Kind abzuhalten, das sein Zuhause und seine Familie auf diese freche Weise verlassen hatte. Noch heute ist es in strengen jüdischen Familien so, dass die

Eltern über einem Sohn oder einer Tochter, der bzw. die wegen dieser Art von Verhalten verstoßen wurde, manchmal das »Kaddisch« sprechen (das formelle Vortragen eines Beerdigungsgebets).

Einmal verstoßen, gab es für ein aufsässiges Kind nahezu keine Möglichkeit mehr, zurückzukommen und seine Stellung in der Familie wiederzuerlangen. Wenn es seine Stellung je zurückhaben wollte, musste es eine Rückerstattung leisten, was auch immer es für die Familie an Ehrverlust verursacht und was auch immer an Besitztümern es genommen haben könnte, als es weglief. Selbst dann konnte es erwarten, vieles von seinen Rechten, die es zuvor als Familienmitglied genossen hatte, verwirkt zu haben. Es konnte auf jeden Fall jeglichen Anspruch am Erbe vergessen.

Der junge Mann kam zu seinem Vater, um seinen Teil vom Familienbesitz abzufordern.

Er wünschte ein vorzeitiges Erbe. Um diese Forderung zu erfüllen, müssten der Hausrat des Vaters, die persönlichen Wertgegenstände und die sonstigen materiellen Besitztümer vorzeitig erfasst und aufgeteilt werden. Dieser Vorschlag war freilich so untauglich wie dreist. In einer Familie mit zwei Söhnen, die den üblichen Gewohnheiten jener Zeit folgte, ging ein Drittel des ganzen Familienvermögens auf den jüngeren Sohn über, *wenn der Vater starb.* Einen Drittel des Hausrats zu verlangen, während der Vater noch am Leben war, war sowohl widersinnig als auch unverschämt. Die einzige durchführbare Lösung war, von den Besitztümern der Familie den Marktwert zu schätzen und das meiste davon dem jungen Mann in bar herauszugeben. Was dieser natürlich auch wirklich wollte.

Im dörflichen Leben jener Zeit wusste jeder Bescheid über die Angelegenheiten der

Anderen. So war es durch den Plan des verlorenen Sohnes, sein Zuhause zu verlassen, klar, dass seine Aufsässigkeit unverzüglich öffentlich wahrgenommen wurde und in dem Dorf für eine Gerüchteküche sorgte. Dieser rücksichtslose Rebell war unbekümmert darüber, dass er einen Berg der Schande über seinem Vater, seiner Familie und seinem eigenen Ansehen anhäufte.

Anstatt dem Jungen vor aller Öffentlichkeit ins Gesicht zu schlagen oder ihn für seine Frechheit zu enteignen, gewährt dieser Vater seinem rebellischen Sohn genau das, worum er ihn bittet. Diese unvorhergesehene Wende in Jesu Geschichte musste bei den Schriftgelehrten und Pharisäern ein zweites Keuchen ausgelöst haben. Ein unverschämtes Gesuch eines aufsässigen Jugendlichen in dieser Weise zu akzeptieren, war unerhört! Und bei den Maßstäben jener Kultur war es eine erbärmlich schwache Reaktion. Die Tatsache, dass der jüngere Sohn das Erbteil des Vaters nehmen und in ein fernes Land weggehen durfte, legt nahe, dass es dabei keine weiteren Bedingungen gab. Der verlorene Sohn nahm seinen Teil des Familienvermögens, ohne zurückzuschauen. Er hatte genau das, was er wollte: absolute Freiheit.

Der Ausdruck *»[er] packte … alles zusammen«* bedeutet, dass der verlorene Sohn verfügbar machte, was immer er konnte, indem er seine Erbschaft und Besitztümer in Bargeld umsetzte. Dann *»reiste [er] in ein fernes Land«*, was offenbar heißt: in ein heidnisches Land. Dieser junge Mann verließ nicht nur sein Zuhause und seine Familie, sondern ebenso sein kulturelles Erbe und sein »christliches Umfeld«. Er hatte so viel Verachtung für seinen Vater, dass er ihn bewusst der erniedrigendsten Art öffentlicher Schande aussetzte. Das war schon schlimm genug. Füge dem geistlosen Materialismus des Jungen seine

Habgier und seine Torheit, so vieles von seinem Erbe zu verwirken, hinzu – und fertig ist ein erstklassiger Straftäter. Doch als der Junge obendrein in ein heidnisches Land reist, um so weit wie möglich von jedem, der ihn kannte, wegzukommen – nur damit er sich ungehindert dem bösen Verhalten hingeben kann –, da verkommt er plötzlich zu einer so abscheulich verachtenswerten Gestalt, dass es schwierig wird, diese Verdorbenheit in bloßen Worten auszudrücken.

Sicherlich stellte Jesus diesen Kerl als den größten Schurken in der Geschichte dar. Und die religiösen Führer mussten Ihm dabei vorbehaltlos zugestimmt haben.

Offensichtlich war der verlorene Sohn nicht daran interessiert, an einem neuen Ort ein eigenständiges Leben aufzubauen. Er war einfach nur auf Vergnügen aus. Und lasst uns ehrlich sein: Menschen, die wie er eingestellt sind, denken normalerweise nicht weit voraus. So ist es keine große Überraschung, wenn wir lesen: *»[U]nd dort verschleuderte er sein Vermögen mit ausschweifendem Leben« (V. 13).* Er verschwendete im Nu ein Vermögen, indem er sein Erbe auf der Jagd nach nutzlosem Vergnügen verprasste. Die griechische Formulierung deutet klar an, dass er einen Lebensstil heilloser Verschwendung und grober Unmoral praktizierte, die alle Lebensbereiche erfasste und skrupellos war.

Sünde liefert niemals das, was sie verspricht, und das vergnügungssüchtige Leben, nach dem die Sünder zu streben gesinnt sind, erweist sich stets als das genaue Gegenteil: ein mühevoller Weg, der unausweichlich zum Ruin und zur letztendlichen buchstäblichen Sackgasse führt. Gleich nachdem ihm das Geld ausging, *»kam eine gewaltige Hungersnot über jenes Land« (V. 14).* An der Hungersnot war freilich nicht der verlorene Sohn schuld, aber so ist das Leben nun mal.

In seiner Torheit vermutete er eine sichere Art von Zukunft, und seine Rebellion sowohl gegen Gott als auch gegen seinen Vater ließ ihm keine Möglichkeit, umzukehren und Befreiung zu finden.

Hungersnöte gab es während Jesu Erdenzeit oft genug, so dass Er es nicht nötig hatte, das Dilemma des jungen Mannes zu verdeutlichen. Sie wurden – besonders von den Schriftgelehrten und Pharisäern – als ein Schlag der göttlichen Züchtigung angesehen. Augenzeugenberichte von harten Hungersnöten im Altertum sind schwer zu lesen. Einige besondere Merkmale haben fast alle gemeinsam: Sie beschreiben, wie die Leute durch den Hunger in den Wahnsinn getrieben werden. Kannibalistische Handlungen sind alltäglich. Der Hungertod ist oft so weit verbreitet und häufig, dass die Leichen täglich eingesammelt und entfernt werden müssen. Die Leute sehen sich dazu gezwungen, Dinge wie Gras, Schuhleder, verdorbenes Fleisch, Abfall und Exkremente zu essen.

Ein alptraumhafter Horror – das war nun die Welt des verlorenen Sohnes geworden. Zahlreiche schlechte Entscheidungen hatte er für sich selbst getroffen; doch nun hatte die Hand der göttlichen Vorsehung seine Schwierigkeiten schlimmer gemacht, als er es sich je hätte vorstellen können. Gleichwohl blieb sein Entschluss fest, seinen eigenen Weg zu gehen.

Die Verbissenheit mancher Sünder ist rational nicht erklärbar. Manche Leute sind so entschlossen, ihren eigenen Weg zu gehen, dass sie auch dann, wenn sie die widerwärtigen Folgen ihrer Übertretungen zu schlucken gezwungen sind, ihre Betätigung trotzdem nicht aufgeben. Sie mögen geradezu todkrank sein von den Nachwirkungen ihrer Sünde und werden trotzdem die Sünde selbst nicht aufgeben. Die Sünde ist eine

Knechtschaft; sie sind ohnmächtig, ihren Zwang zu brechen.

Das war bei dem verlorenen Sohn der Fall. Bettelarm, hoffnungslos, und, obwohl sein Leben rundum in Trümmern lag, war er doch noch nicht bereit, nach Hause zu gehen. Nach Hause zurückzukehren hätte natürlich bedeutet, zu bekennen, dass er im Unrecht und töricht gewesen war. Es bedeutete auch, sich der Feindseligkeit seines Bruders auszuliefern, sich dem Kummer und dem Seelenschmerz zu stellen, den er seinem Vater verursacht hatte, und öffentliche Schande auf sich selbst zu ziehen. Vor allen Dingen würde es bedeuten, Verantwortung zu übernehmen, unter Rechenschaftspflicht zu leben und sich der Autorität zu unterwerfen – alles Dinge, vor denen er ursprünglich geflohen war. So tat er, was viele Menschen zu tun versuchen, bevor sie wirklich den Tiefpunkt erreichen. Er versuchte verzweifelt, einen Plan auszuhecken, der es ihm ermöglichen würde, die Krise zu überstehen, und durch den er es vielleicht vermeiden konnte, aufrichtig mit seiner Sünde konfrontiert zu werden und all das Unrecht, das er begangen hatte, vollständig zuzugeben.

Hier war sein Plan B: *»Da ging er hin und hängte sich an einen Bürger jenes Landes; der schickte ihn auf seine Äcker, die Schweine zu hüten« (V. 15).*

Das war eigentlich überhaupt keine richtige Anstellung. Fürs Schweinehüten wurde so gut wie nichts bezahlt – nicht genug, um auch nur den augenblicklichen Bedürfnissen des verlorenen Sohnes gerecht zu werden. Die Fütterung von Schweinen war außerdem eine erniedrigende Arbeit. Das war praktisch die denkbar niedrigste Arbeit in der ganzen Arbeitshierarchie. Sie erforderte keinerlei Fähigkeit; so war dies eine Rolle, die oft Menschen zugewiesen wurde, welche mit geistigen Mängeln behaftet, aller

Sozialkompetenz beraubt oder anderweitig untüchtig für ein Leben in feiner Gesellschaft waren.

Für den jungen Mann, der von Geburt an unter dem Gesetz Moses stand, war dies eine besonders entwürdigende Wende der Ereignisse. Schweine wurden vom Zeremonialgesetz her als unreine Tiere angesehen. Das bedeutete, dass jeder Kontakt mit diesen Tieren als geistig verunreinigend erachtet wurde. Außerdem wurde – weil es verboten war, Schweinefleisch zu essen – eine Beteiligung an der Aufzucht von Schweinen zum menschlichen Verzehr als extrem unmoralisch angesehen, besonders in den Augen der Schriftgelehrten und Pharisäer. So war automatisch allein schon die Art dieser Anstellung genug, um den Stand des verlorenen Sohnes als einen endgültigen, unverbesserlichen Ausgestoßenen in Israel zu besiegeln.

Trotzdem war die rebellische Entschlossenheit des jungen Mannes tief verwurzelt. Er nahm die Anstellung an und ging an die Arbeit. Der Bürger *»schickte ihn auf seine Äcker, die Schweine zu hüten.«* Das bedeutet, dass der verlorene Sohn seinen ständigen Wohnsitz draußen in der rauen Wildnis einnahm: Er lebte mit den Schweinen zusammen. Er wurde zu einem vollzeitlichen Schweinehirten.

Konnte es für diesen jungen Mann noch schlimmer kommen?

Ja, das konnte es. Und das tat es auch. Als während der Hungersnot die Mittel noch knapper wurden, mussten sich die Schweine von einer »Hülsen«-Diät ernähren. Das waren Hülsen vom Johannisbrotbaum; lange, stangenbohnenförmige Samenhülsen, die an kümmerlichen, baumartigen Büschen wuchsen. Die Bohnen innerhalb der Hülsen waren hart und die Schalen zäh und ledrig, geradezu ungenießbar für Menschen, und – offen gesagt – sogar für den Viehbestand nicht sehr nahrhaft. Trotzdem beobachtete der verlorene Sohn die Schweine gierig, wie sie die Johannisbrot-Hülsen verschlangen, und er selbst sehnte sich allen Ernstes danach, seinen Bauch mit diesem Schweinefutter zu füllen.

Sogar in jenem fernen heidnischen Land, in dem praktisch niemand durch irgendwelche Gewissensbedenken bezüglich zeremonieller Unreinheit eingeschränkt oder durch den Verzehr von Schweinefleisch angewidert wurde, war nun die soziale Stellung des verlorenen Sohnes so, dass er als unberührbar betrachtet wurde. Niemand gab ihm etwas zu essen (s. V. 16).

Als Jesus dieses Gleichnis erzählte, schrieb Er dem verlorenen Sohn jede erdenkliche Art von Verunreinigung, Unehre und Schande zu. Als Jesus in der Erzählung an diesem Punkt angelangt war, da war der junge Rebell, der verlorene Sohn, wegen all der unterschiedlichen Arten, auf welche er sich selbst besudelt und geschändet hatte, (in der Denkweise der Pharisäer) ganz klar ein eher verachtungswürdiges als erbarmenswürdiges Objekt. Er war so gänzlich mit Vorwürfen und üblem Ruf bedeckt, dass sie ihn zweifellos komplett als erlösungsunwürdig und hoffnungslos verloren abschrieben.

KAPITEL

2

DIE WAHRHEIT ÜBER DIE SÜNDE

Jede Sünde schließt genau diese Art von vernunftwidriger Rebellion gegen einen liebenden himmlischen Vater mit ein. Das größte Übel der Sünde liegt nicht in der Tatsache, dass sie eine Gesetzesübertretung ist, obwohl sie das ganz gewiss ist (1.Joh. 3,4; Röm. 5,20). Sondern die eigentliche Abscheulichkeit der Sünde ergibt sich aus ihrer Natur als eine persönliche Beleidigung gegen einen guten und gnädigen Gesetzgeber. Unsere Sünde ist eine absichtliche, willentliche Verletzung der Beziehung, die wir mit unserem Schöpfer haben. (Du magst die Sünde vorher nicht auf diese Weise bewusst durchdacht haben; aber es ist trotzdem wahr, und das Gewissen jeder Person bekräftigt diese Realität. Die Geheimnisse unserer Herzen zeugen gegen uns, und Römer 2,14-16 besagt, dass eben jene Geheimnisse eines Tages offenbar werden und von Gott gerichtet werden.)

Wenn wir sündigen, zeigen wir Geringschätzung gegenüber Gottes väterlicher Liebe wie auch gegenüber Seiner heiligen Autorität. Wir weisen nicht bloß Sein Gesetz ab, sondern auch Seine ganze Person. Zu sündigen ist gleichbedeutend damit, Gott Seinen Platz abzusprechen. Sünde ist ein Ausdruck des Hasses gegen Gott. Sie kommt dem Wunsch gleich, Er wäre tot. Und weil jede Sünde dieses Element der Gottesverachtung im Kern beinhaltet, trägt sogar die kleinste Sünde genug Böses in sich, um eine Ewigkeit voller Unheil, Unglück und Qual hervorzurufen.

Außerdem bringt die Sünde immer schlechte Früchte hervor. Wir können nicht die guten Gaben nehmen, mit denen Gott uns umgeben hat, und sie verschachern, als wären sie nichts, und dann nicht damit rechnen, die Folgen der geistigen Armut zu ernten, die das unvermeidliche Ergebnis sind.

Hier ist eine schockierende Realität: Der verlorene Sohn ist nicht bloß ein Bild für den schlimmsten Sünder; er ist ein Sinnbild für jeden unerlösten Sünder – entfremdet von Gott und ohne Hoffnung in der Welt (Eph. 2,12). Er ist eine exakte und lebendige Nachbildung der ganzen menschlichen Rasse – gefallen, sündig und rebellisch. Schlimmer noch: Sein Charakter spiegelt nicht nur den Zustand unserer gefallenen Rasse in ihrer Gesamtheit wider, sondern auch den natürlichen Zustand jedes Einzelnen zu allen Zeiten, der seit Adams Fall von einem menschlichen Vater gezeugt worden ist. Wir alle beginnen dieses Leben, indem wir Gott unseren Rücken zugewandt haben und uns wünschen, weit weg von Ihm zu fliehen, ohne jede Rücksicht auf Seine Liebe, ohne Wertschätzung für Seine Freigebigkeit und ohne Respekt vor Seiner Ehre.

Mit anderen Worten: Wir *alle* sind verlorene Söhne und Töchter. Jeder einzelne von uns ist schuldig bezüglich der Zügellosigkeit, der Verschwendung und des unbeherrschten Verlangens nach dem, was wir über alles wünschen. Wir sind leichtsinnig gegenüber den Konsequenzen der Sünde gewesen und rücksichtslos in der Jagd nach dem Bösen. Ohne Gottes bewahrende Gnade hätte jeder Einzelne von uns sein Leben schon längst vergeudet und jeden Segen verschleudert, den Gott uns gegeben hat.

Das Ende der Reise dieses jungen Mannes auf dem Schweineacker veranschaulicht perfekt die Zerstörung und den Kummer, zu dem die Sünde zwangsläufig führt. Hier hat der törichte Sünder seinen Plan B ausgeschöpft und muss einsehen, dass dieser von Anfang an nie hätte gelingen können. Wir haben nicht die Fähigkeit, unser eigenes zerbrochenes Leben wieder zu reparieren. Wir können unmöglich die Sünden wiedergutmachen, die wir begangen haben;

somit können wir unsere Schuld nicht ungeschehen machen. In dieser Welt gibt es definitiv keine Antwort auf ein solches Dilemma. Sie wird nicht in der Psychologie, in der Gruppentherapie oder in Selbsthilfegruppen zu finden sein – und ganz gewiss nicht in Drogen, Alkohol oder einer anderen Form der Flucht. Du kannst den Folgen der Sünde nicht durch einen Umzug in eine neue Wohngegend, durch Heirat eines neuen Partners oder durch anderweitiges Weglaufen entkommen. Wenn alle derartigen Versuche, dem Lohn der Sünde auszuweichen, schlussendlich ausgeschöpft sind, kommt der Sünder wirklich am absoluten Tiefpunkt an.

KAPITEL

3

DIE WAHRHEIT ÜBER DIE BUßE

Der Tiefpunkt war genau der Platz, wo der verlorene Sohn schließlich zur Besinnung kam. Er war einer jener glücklichen Sünder, die *»zu sich selbst«* kamen (Lk. 15,17), bevor sie starben und den vollen und endgültigen Lohn der Sünde ernteten.

Die Arbeit auf den Feldern mit den Schweinen wirkte sich glücklicherweise zum Nutzen des verlorenen Sohnes aus. Er wachte in der Realität auf. In der Abgeschiedenheit der Schweinefelder war er gezwungen, sich dem zu stellen, was aus ihm geworden war, und das schreckte ihn irgendwie auf aus der völligen Gleichgültigkeit. Plötzlich begann er klar zu denken. Sein erster Instinkt beim Zurückgewinnen seiner Sinne galt der Überlegung, wie er zu seinem Vater und seinem Zuhause zurückkommen könnte. Zum ersten Mal in seinem Leben war der jüngere Sohn entschlossen, von seiner Sünde loszukommen, den Vater um Vergebung anzuflehen und sich der Autorität seines Vaters zu unterwerfen.

Die Entscheidung des verlorenen Sohnes war nicht nur ein Trick, um das Mitgefühl des Vaters wiederzuerlangen – nicht ein schneller und schmutziger Plan, um die Annehmlichkeiten seines alten Lebens zurückzugewinnen. Dies war eine tiefe, aufrichtige Buße, und wir sehen ihre Aufrichtigkeit in jedem Schritt seiner geplanten Rückkehr zur Hausgemeinschaft des Vaters.

Der erste bedeutende Schritt in der Rückkehr des verlorenen Sohnes bestand darin, einen ehrlichen Blick auf seine Situation zu werfen. Das bedeutete, sich der hässlichen Realität dessen zu stellen, was aus ihm geworden war, und die Verantwortung für das, was er getan hatte, zu übernehmen, die Schwere seiner Schuld einzugestehen, seine äußerste Hilflosigkeit zuzugeben und sich an jemanden zu wenden, der wahrhaft helfen könnte. Ich bin überzeugt davon, dass gerade hier Buße immer beginnt: bei einer genauen Beurteilung des eigenen Zustandes. Wenn man sich völlig mit der Wahrheit abfindet, gibt es keinen Anspruch mehr auf Würde und Selbstwertgefühl. Da gibt es keine Selbstverteidigung mehr. Und es bleibt keine Einforderung eigener Rechte oder ein Anspruchsdenken bestehen.

Zuvor hatte der verlorene Sohn nicht die Spur von Respekt, Zuneigung oder auch nur von schlichter Wertschätzung für seinen Vater gezeigt. Nun war er gezwungen, zu bekennen, dass er weitaus besser gestellt wäre, wenn er auf dem niedrigsten Stand der Leibeigenschaft unter seinem eigenen Vater sein könnte, als weit von ihm entfernt, auf den Schweinefeldern, wo er die bitteren Früchte seiner »Freiheit« erntete und buchstäblich dem Tod ins Auge sah, welcher der Lohn für seine törichte Jagd nach eigennützigem Vergnügen war. Er war gebrochen. Er war allein. Er war verzweifelt. Er war voller Reue. Er hatte Vertrauen zu seinem Vater. Und das ist genau das, was den Unterschied ausmacht zwischen bloßer Reue und echter, rettender Buße. Das Vertrauen des verlorenen Sohnes auf das Erbarmen seines Vaters zog ihn zu ihm hin, anstatt ihn noch weiter weg zu jagen.

Fragen führen uns in die größte aller religiösen und philosophischen Schwierigkeiten. Wie kann Gott gerecht sein und trotzdem denen vergeben, die Er gerechterweise verdammen müsste? Wie kann Gott heilig sein und Freundschaft mit solchen schließen, die böse sind? In Sprüche 17,15 heißt es doch: *»Wer den Gottlosen gerecht spricht und wer den Gerechten verurteilt, die sind beide dem HERRN ein Gräuel.«* Wie kann dann der Herr Sünder wie uns rechtfertigen und doch gerecht bleiben (Röm. 3,26)?

KAPITEL

4

DIE WAHRHEIT ÜBER DIE ERRETTUNG

Die Schriftgelehrten und Pharisäer – die religiösen Führer in der Erdenzeit Jesu – erwarteten sicher, dass der Vater des verlorenen Sohnes den Hammer über dem missratenen Jugendlichen hart niederschlagen würde. Darüber waren sie sich einig: Es konnte keine *unverzügliche* Vergebung geben. Der verlorene Sohn war wahrscheinlich auch überhaupt nicht der *vollständigen* Versöhnung mit seinem Vater würdig. Gewiss musste er seine Medizin in voller Dosierung einnehmen.

In jener Ehrenkultur, insbesondere in einer Situation wie dieser, wäre es nicht außergewöhnlich gewesen, wenn der Vater sich einfach geweigert hätte, dem Jungen persönlich zu begegnen. Tatsächlich wäre es ziemlich charakteristisch gewesen, dass der Vater – auch wenn er geneigt gewesen wäre, ihm eine Audienz zu gewähren – den reumütigen

Sohn zuerst damit bestraft hätte, dass er aus seiner Schande ein öffentliches Spektakel gemacht hätte. Zum Beispiel hätte er den Sohn für mehrere Tage außerhalb des Tores dem öffentlichen Anblick aussetzen können, um ihn einiges von der Unehre spüren zu lassen, die er über seine eigene Familie gebracht hatte. Der Junge wäre den Wetterbedingungen völlig ausgesetzt gewesen – und schlimmer noch, dem Gespött der ganzen Umgebung. Wenn der Vater sich nach einigen Tagen solcher Demütigung entschlossen hätte, ihm eine Audienz zu gewähren, und wenn er willig gewesen wäre, ein Maß an Erbarmen anzubieten, dann hätte der Sohn sich tief verbeugen und die Füße des Vaters küssen müssen. Keine Umarmung. Es wäre nicht einmal angemessen gewesen, wenn der Sohn stehen geblieben wäre, während er die Hand seines Vaters geküsst hätte.

Höchstwahrscheinlich ist dies genau die Art von Behandlung, die der verlorene Sohn erwartete. Aber das Gleichnis Jesu nahm unvermittelt eine andere, dramatische und unvorhergesehene Wendung. *»Als er aber noch fern war, sah ihn sein Vater und hatte Erbarmen; und er lief, fiel ihm um den Hals und küsste ihn« (Lk. 15,20).*

Offensichtlich hatte der Vater damals täglich nach seinem Sohn Ausschau gehalten – mit gebrochenem Herzen, dennoch hoffnungsvoll, während er insgeheim den unaussprechlichen Schmerz der leidenden Liebe um seinen Sohn mit sich herumtrug. Er hatte sicherlich gewusst, dass die Art des Lebens, wegen welcher sich der Sohn auf den Weg gemacht hatte, schließlich auf diese Weise enden würde, wie sie es tat. Er hoffte verzweifelt, der Junge würde überleben und nach Hause zurückkommen.

Die Bildsymbolik, wie der Vater auf den verlorenen Sohn zuläuft, füllt die Details des

Gesamtbildes noch mehr aus. Im Rahmen jener Kultur wurde die Handlung des Vaters, zu dem Jungen zu laufen und ihn zu umarmen, noch bevor dieser überhaupt den ganzen Heimweg zurückgelegt hatte, als ein schändlicher Verstoß gegen die guten Sitten angesehen. Zuerst einmal rannte ein angesehener Mann nicht. Zu rennen war etwas für kleine Jungen und Diener. Erwachsene Männer von Rang gingen majestätisch einher, in langsamer Gangart und bedachtsamen Schritten. Aber der Vater raffte sein Gewand zusammen und machte sich auf würdeloseste Weise auf den Weg.

Als der Vater den missratenen Sohn erreichte, konnte er seine Zuneigung nicht in Grenzen halten, und er zögerte nicht, ihm Vergebung zu gewähren. Sofort umarmte er den verlorenen Sohn. Jesus sagte, dass der Vater ihm um den Hals fiel und ihn küsste. Das Verb, das an dieser Stelle im griechischen

Grundtext steht, deutet an, dass er ihn mehrmals küsste. Er brach über dem Jungen in einer massiven Umarmung zusammen, vergrub seinen Kopf im Nacken seines Sohnes – stinkend und schmutzig und nicht gesellschaftsfähig, wie er war – und begrüßte ihn mit einer Offenbarung ungebremster Emotionen.

Der verlorene Sohn war in der Bereitschaft gekommen, die Füße des Vaters zu küssen. Stattdessen küsste der Vater den nach Schweinen stinkenden Kopf des verlorenen Sohnes. Und der junge Mann kam überhaupt nicht zu dem Teil seiner einstudierten Rede, in welcher er darum bitten wollte, einer der Tagelöhner zu werden. Dies mag als ein fast unmerkliches Detail in dem Gleichnis erscheinen, aber es stellte einen nicht ganz so subtilen Punkt zu Gunsten der Pharisäer dar. Sie konnten auf keinen Fall übersehen, dass der Sohn nichts getan hatte, um seine eigene Sünde zu sühnen. Dennoch war die Vergebung des Vaters vollständig und überschwänglich, ohne dass etwas zurückgehalten wurde.

Verlangte nicht der gesunde Menschenverstand, dass Sünden gesühnt werden müssen? Sagte nicht Gott Selbst, dass Er keinen Gottlosen gerecht sprechen wird (2. Mose 23,7), und dass Er die Schuld keineswegs ungestraft lassen wird (2. Mose 34,7)? Wo bleibt da die Gerechtigkeit? Was ist mit den Prinzipien des göttlichen Rechts?

Es ist wohl wahr, dass Sünde gesühnt werden *muss*. Denke keinen Augenblick lang, dass Gott einfach wegschaut, wenn Er die Sünde vergibt, und so tut, als sei sie nicht geschehen. Allerdings kann kein Sünder jemals in vollem Maße seine eigene Sünde wiedergutmachen, und deshalb betont die Bibel so häufig die Notwendigkeit eines

Stellvertreters. Das Alte Testament veranschaulicht die Notwendigkeit und verheißt, dass Gott ein zweckmäßiges Opfer bereitstellen wird (1. Mose 3,15; 22,7-8; Jesaja 53, 1-12). Das Neue Testament berichtet uns von der Erfüllung dieser Verheißung.

Gott wurde in der Person von Jesus Christus ein Mensch, der ein Stellvertreter für die Gläubigen geworden ist. Das erklärt Paulus den Christen in seinen Briefen.

»Der Lohn der Sünde ist der Tod; aber die Gnadengabe Gottes ist das ewige Leben in Christus Jesus, unserem Herrn« (Römer 6,23).

»… Christus Jesus …, der, als Er in der Gestalt Gottes war, es nicht wie einen Raub festhielt, Gott gleich zu sein; sondern Er entäußerte sich Selbst, nahm die Gestalt eines Knechtes an und wurde wie die Menschen; und in Seiner äußeren Erscheinung als ein

Mensch erfunden, erniedrigte Er sich Selbst und wurde gehorsam bis zum Tod, ja zum Tod am Kreuz« (Philipper 2,5-8).

»Christus hat uns losgekauft von dem Fluch des Gesetzes, indem Er ein Fluch wurde um unsertwillen« (Galater 3,13).

»Denn [Gott] hat Den, der von keiner Sünde wusste, für uns zur Sünde gemacht, damit wir in Ihm [zur] Gerechtigkeit Gottes würden« (2. Korinther 5,21).

Während es jeder von uns verdient, für seine Sünde zu sterben und die Ewigkeit getrennt von Gott zuzubringen – eine Existenz, die Jesus als unerträglich elend und leidgetränkt beschrieb (Matthäus 13,41-50; Lukas 16,23-24) –, erduldete der Sohn Gottes für uns Kinder Gottes die Strafe. Weil Jesus als unser Stellvertreter die Strafe für die Sünde bezahlte, kann uns unser himmlischer Vater völlige

Vergebung für die Sünde gewähren, ohne die Gerechtigkeit zurückzustellen oder Seine eigene völlig gerechte Natur zu verleugnen.

KAPITEL

5

VOLLSTÄNDIGE WIEDERHERSTELLUNG

Dem fassungslosen verlorenen Sohn drehte sich sicher alles im Kopf. Nach allem, was er getan hatte – und allem, was die Sünde aus ihm gemacht hatte –, wäre er kaum in der Lage gewesen, zu begreifen, was geschah. Die Dorfbewohner waren ebenso verwirrt bei dem Verhalten des Vaters. Was tat er da? Unbekümmert über seinen eigenen Ruf, begann der Vater den verlorenen Sohn mit Ehrungen zu überschütten, mit unglaublich großmütigen Liebesdiensten, welche sich der junge Mann keineswegs verdient hatte.

Jesus erwähnte drei Geschenke, die der Vater seinem reumütigen Sohn sofort gab:

- ein Festgewand
- einen Ring
- und Schuhe.

Jedermann verstand die Bedeutung jedes dieser Geschenke. Die Schuhe waren eine maßgebliche Geste, welche die völlige und unmittelbare Wiedereinsetzung des einstigen Rebellen als einen privilegierten Sohn kennzeichnete. Das Festgewand, das dem Sohn gegeben wurde, war eine Höflichkeit, die vorbehalten war für den Fall, dass ein überaus namhafter Würdenträger zu Besuch käme. Der Ausdruck, der hierfür im Original des griechischen Textes der Schrift benutzt wird, bedeutet wörtlich: ein »erstklassiges Gewand«, und deutete eine hohe Ehrung an. Der Ring war ein Siegelring, welcher etwa die Funktion eines notariellen Siegels erfüllte. Mit einem Siegelring konnte der Träger dienstliche Angelegenheiten im Namen der Familie durchführen. Mit diesem Ring stellte der Vater die Autorität des verlorenen Sohnes als Sohn wieder her.

Nachdem er seinen bußfertigen Sohn mit höchster Ehrung und Vergünstigung gekrönt hatte, rief sein Vater zu einem einzigartigen Fest auf:

»Bringt das gemästete Kalb her und schlachtet es; und lasst uns essen und fröhlich sein! Denn dieser mein Sohn war tot und ist wieder lebendig geworden; und er war verloren und ist wiedergefunden worden« (Lukas 15,23-24).

Wie wundervoll wäre es gewesen, wenn dies das Ende der Geschichte gewesen wäre. Doch Jesus wollte Seine Zuhörerschaft mit einer anderen erschütternden Wendung der Dinge verblüffen. Plötzlich wechselt der ganze Charakter der Geschichte mit dem Erscheinen des älteren Sohnes.

KAPITEL

6

DER WÜRDEVOLLE SÜNDER

Sünder gibt es in zwei grundlegenden Varianten. Manche sind eindeutig und kühn in ihrem Tun des Bösen, und es ist ihnen wirklich egal, wer bei ihrem Tun zuschaut. Ihr Ruin ist ausnahmslos der Stolz – die Art von Stolz, die in einer übertriebenen Liebe zu sich selbst und in unkontrollierbaren Lüsten nach hemmungslosen Vergnügungen zu sehen ist.

Am anderen Ende des Spektrums stehen die verschwiegenen Sünder, die es vorziehen, zu sündigen, wenn sie meinen, dass kein anderer zuschaue. Sie versuchen, ihre ersichtlicheren Sünden auf unterschiedliche Weise zu verbergen, oft unter geheuchelter Frömmigkeit. Ihr Niedergang ist ebenfalls der Stolz; aber es ist die Art von Stolz, die sich in Heuchelei kleidet.

Während dieses Gleichnis Jesu seinen Fortlauf nimmt, wird deutlich, dass die zweite (und entgegengesetzte) Art von Sündern von dem älteren Bruder verkörpert wird. Dieser junge Mann ist ein Sinnbild für alle dem Anschein nach ehrenhaften, vordergründig tugendhaften oder äußerlich religiösen Sünder – gerade solche Leute wie die Schriftgelehrten und Pharisäer. Hier ist ein Sünder, der meint, er könne seine innere Rebellion mit äußerlicher Gerechtigkeit verdecken.

Der Bruder des verlorenen Sohnes war an jenem Tag draußen auf dem Feld gewesen. Er beaufsichtigte höchstwahrscheinlich eine Mannschaft von Knechten und stellte den zukünftigen Wohlstand des Grundbesitzes sicher. Deshalb bemerkte er nichts von dem Fest, das bereits in diesem Haus stattfand; ihm war entgangen, dass das ganze Dorf schon seit Stunden darüber in Aufregung war. Als der ältere Sohn nach Hause kam, war das Fest bereits in vollem Gange. Musiker und Tänzer führten schon längst die Feierlichkeiten an, als der Geruch von gegartem Fleisch die Luft durchdrang. Der Umstand, dass er nicht gleich einbestellt worden war, scheint ein klarer Hinweis darauf zu sein, dass zumindest der Vater erkennen konnte, was wirklich im Herzen des älteren Bruders vorging.

Als der ältere Sohn sich dem Haus näherte, *»hörte er Musik und Tanz« (V. 25)*. Die Überraschung des älteren Bruders ist vollkommen verständlich; aber seine extreme Entrüstung ist nicht so leicht zu entschuldigen. Seine Reaktion deutet darauf hin, dass er von Anfang an davon ausgegangen war, dass jede Nachricht, die eine so riesige Freude seitens seines Vaters hervorgerufen hatte, etwas sein würde, was er ihm übelnehmen würde. Wenn das Herz dieses Sohnes in Ordnung gewesen wäre – wenn er nur ein Gramm echter Liebe oder wahrhafter

Anteilnahme an irgendeinem in seiner Familie außer ihm selbst gehabt hätte –, dann würde der Text wie folgt weitergehen: »Er lief zu dem Haus, um zu sehen, was all die Freude bedeutete.« Dann hätte sein Vater gesagt: »Dein Bruder ist zu Hause!«, und sie hätten sich umarmt und sich unter Tränen miteinander gefreut.

Aber der ältere Sohn blieb draußen stehen. Er blieb auf Distanz vom Fest und *verlangte* eine Erklärung, nicht von seinem eigenen Vater, sondern von irgendeinem, der von ihm völlig eingeschüchtert sein mochte. Die Antwort des Knechtes zeigt, dass er erwartete, der ältere Bruder werde die gute Nachricht begrüßen: *»Dein Bruder ist gekommen, und dein Vater hat das gemästete Kalb geschlachtet, weil er ihn gesund wiedererhalten hat« (V. 27).* Nach Bekanntgabe dieser Details wusste der ältere Sohn alles, was er wissen musste. Sein Vater hatte den verlorenen Sohn, ungeachtet des schändlichen Verhaltens des Jungen, nicht nur empfangen, sondern auch ihr zerbrochenes Verhältnis vollständig wiederhergestellt.

Man sollte den wahren Grund für seinen erbitterten Missmut nicht übersehen. Sein Schmollen und sein Zorn richteten sich nicht so sehr gegen seinen verschwenderischen Bruder, sondern gegen seinen von Gnade geprägten Vater. Nicht nur, dass der jüngere Bruder keine gerechte Strafe für sein sündhaftes Verhalten und für die Verunehrung der Familie erhielt – der Vater gab auch das Vermögen aus, das nach seinem Tod rechtmäßig dem älteren Bruder gehören würde, was den Wert des Erbes des »treuen« Sohnes minderte. Dies ist unser erster Hinweis darauf, dass der ältere Sohn im Verborgenen mehr ein Rebell war, als der verlorene Sohn es je gewesen war.

Der ältere Sohn gibt uns eine anschauliche Darstellung davon, wie ein äußerlich rechtschaffener Mensch die Dinge sieht. Er versteht nicht den Gedanken, dass die göttliche Gnade ausreicht, um Sünder zu retten. Er ärgert sich über die Gnade unmittelbarer Vergebung. Er hatte sein ganzes Leben lang gearbeitet, um angesehen zu sein und Gottes Gunst zu erlangen. Und doch finden einige der verdorbensten Sünder, die man sich vorstellen kann, sofortige Vergebung und volle Gemeinschaft mit dem Vater, als ob sie kein Unrecht begangen hätten.

Unabhängig davon, ob er es zugab oder nicht, brauchte der ältere Bruder die Vergebung und Gnade des Vaters ebenso sehr wie der verlorene Sohn. Anstatt dem Vater seine Güte gegenüber seinem zurückgekehrten Bruder zu verübeln, hätte dieser Sohn der eifrigste Teilnehmer an der Feier sein sollen, weil er ebenfalls dieser Art von Gnade verzweifelt bedürftig war.

Die lange unterdrückte Rebellion unter dem pflichtbewusst beibehaltenen äußeren

Anstand des älteren Sohnes war jetzt offen zum Durchbruch gekommen. Der Vater kannte zweifellos schon immer die im Herzen seines Sohnes verborgene Wahrheit. Doch anstatt diesen Sohn zu schelten (oder Schlimmeres zu tun), ging der Vater sanft mit ihm um: *»Er ging hinaus und redete ihm zu« (V. 28).* Er ging sogar weg von der Feier, nach draußen, wo der zornige ältere Bruder stand. Er flehte den älteren Bruder an, von seiner selbstgerechten Empörung zu lassen. Mit nichts als Gnade streckte er die Arme nach dem älteren Sohn aus, genauso wie er sie nach dem zurückkehrenden verlorenen Sohn ausgestreckt hatte. Doch dieser Sohn reagierte ganz anders.

Heuchelei ist eine tödliche Krankheit. Heimlich tötet sie von innen her. Tief unter einer sorgfältig polierten frommen Fassade, verborgen vor den Augen aller – außer vor Gott –, betrügt und zerstört sie, täuscht jeden sterblichen Beobachter, insbesondere ihr Opfer. Religiöse Leute sind zu oft von dieser Krankheit des Selbstbetrugs infiziert. Meisterhaft belügen sie sich selbst, vielleicht weil ihnen die Wahrheit zu schwer zu ertragen ist. Tief im Innern wissen diese gesetzestreuen, oft religiösen Sünder, dass kein Maß an Tugendhaftigkeit jemals gut genug sein wird; so streben sie unerbittlich der Tugend nach und arbeiten immer eifriger, um sich selbst und alle anderen davon zu überzeugen, dass es doch gut um sie stehe. Die Selbsttäuschung kann so gewaltig sein, dass sie sich sogar anmaßen, sich an Gott als ihrem Maßstab an »Tugend« festzuhalten, und sie trauen sich auch noch zu, Seine Gerechtigkeit in Zweifel zu ziehen, wenn Er jenen Unwürdigen vergibt!

Diese würdevollen Sünder bedürfen des Erbarmens Gottes ebenso sehr, wenn nicht noch mehr als die Sünder, die dem verlorenen Sohn entsprechen. Die offenbare Sünde des verlorenen Sohnes gab ihm schlussendlich keine andere Wahl, als sich seinem Bedürfnis nach Gnade zu stellen. Nicht so bei vielen anspruchsvollen Kirchgängern. Sie waren nie aus dem Haus ihres Vaters geflohen und haben ihrer Rebellion nie vollen Ausdruck verliehen. Sie füllen Kirchenbänke, geben sich pflichtbewusst jeden Anschein von Gehorsam und erwarten vom Vater, dass Er ihnen das gibt, was sie für ihr rechtmäßiges Erbe halten. In ihren Augen haben sie Gottes Segnungen verdient, Gottes Vergebung muss aus Ihm entlockt werden, der Anspruch, »Kind Gottes« zu sein, gebührt dem Pflichtgetreuen. Aber wie der ältere Sohn kennen sie ihren Vater nicht, auch nicht die Wahrheit über Sünde und Gerechtigkeit, wahre Tugend und Vergebung.

Ohne Gottes Gnade hätte niemand Kraft, irgendetwas außer Sünde zu tun. Sogar gute Taten sind mit Eigeninteresse und Stolz befleckt. Somit betrügen sich jene selbst, welche erwarten, Gottes Gunst zu ernten, indem sie all die richtigen Dinge tun, und verdammen sich selbst. Ihre Werke mögen vordergründig gut erscheinen. Sie mögen von einem lediglich menschlichen Blickwinkel aus sehr beeindruckend sein. Aber die Bibel sagt es klar:

> Alle Werke der Menschen, religiöse Taten und Werke der Gerechtigkeit, die mit der Vorstellung getan werden, Gottes Zustimmung zu erringen, sind in Seiner Beurteilung nichts als schmutzige Lumpen (Jesaja 64,5).

Sie sind befleckt durch unreine Beweggründe. Sie wurden getan mit dem Verlangen, das zu ernten, was Gott versprochen hatte, frei zu schenken – und damit erzeugen sie nur Stolz und nähren die Heuchelei.

Gnade ist die *einzige* Hoffnung für jeden Sünder.

Man beachte, wie sich der ältere Sohn verhielt. Er weigerte sich, den jüngeren Sohn »mein Bruder« zu nennen. Stattdessen bezeichnete er ihn mit den Worten: *»dieser dein Sohn«* – und dann brachte er absichtlich das Thema auf die Sünden des verlorenen Sohnes und besprach sie alle in lebhaften Farben – trotz der Tatsache, dass er sehr gut wusste, dass der Vater jene Sünden bereits als vergeben erklärt hatte.

Es scheint, dass er absichtlich die offensivsten Sünden hervorgeholt und diese zuerst auf den Tisch gelegt hat. Er benannte Sünden, derentwegen eigentlich unter den mosaischen Rechtsordnungen der Tod als gerechte Strafe erachtet wurde (vgl. 5. Mose 21,18-21). Es war seine subtile Art, zu verdeutlichen, dass der verlorene Sohn tot sein *sollte*, und dass er offen gesagt glücklicher sei, wenn es so wäre. Dies war eine erstaunlich kaltherzige und boshafte Attacke auf einen Sohn, von dem er wusste, dass sein Vater ihn liebte – noch bevor der ältere Sohn überhaupt die Höflichkeit erwiesen hatte, seinen Bruder zu begrüßen und ihm eine Gelegenheit zu geben, persönlich seine Umkehr zum Ausdruck zu bringen.

Aber gerade infolge dieses verbalen Trommelfeuers an Ärger reagierte der Vater mit Milde und einer sanften Antwort.

> *»Mein Sohn, du bist allezeit bei mir, und alles, was mein ist, das ist dein. Du solltest aber fröhlich sein und dich freuen; denn dieser dein Bruder war tot und ist wieder lebendig geworden, und er war verloren und ist wiedergefunden worden!« (V. 31-32).*

Manchmal ist es leichter, mit verlorenen Söhnen geduldig zu sein, als mit pflichtbewussten religiösen Leuten. Als Pastor denke ich oft darüber nach. Einstmals verelendete Sünder, die eine wundervolle und gründliche

Umkehr erlebt haben, sind eine wahre Freude. Sie haben keinen Platz für Heuchelei. Sie neigen dazu, begeistert zu sein, lernbegierig, sind voller Dankbarkeit und eifrig bestrebt, andere zu Christus zu führen. Die Menschen aber, die dazu neigen, den Ältesten den meisten Kummer zu bereiten, scheinen fast immer diejenigen zu sein, die in der Gemeinde aufgewachsen sind und früh gelernt haben, scheinheilig zu sein. Die Nörgler, die Kritiker und die Griesgrämigen kommen gewöhnlich aus diesem Bereich. Es erfordert manchmal ein außergewöhnliches Maß an Gnade, richtig auf sie zu reagieren.

Es gibt hier kein Anzeichen dafür, dass der ältere Sohn auf die liebenswürdigen Bitten seines Vaters geantwortet hätte. Allem Anschein nach blieb sein Herz kalt wie Stein. So brachte der Vater eine letzte Bitte hervor, und sie war eine vollständige Wiederholung des Hauptthemas, das einige der Gleichnisse Jesu dominierte:

»Du solltest aber fröhlich sein und dich freuen; denn dieser dein Bruder war tot und ist wieder lebendig geworden, und er war verloren und ist wiedergefunden worden!« (V. 32).

Für den Vater war die Feier nicht nur eine natürliche Reaktion, sondern auch eine Pflicht. Es wäre falsch gewesen, nicht zu feiern.

Die unausgesprochene Andeutung hätte das Herz des älteren Sohnes berühren sollen: »Wir werden auch für dich feiern, wenn du kommst.«

Hier endet Jesus mit der Erzählung des Gleichnisses – außerhalb der Feier, ohne eine zufriedenstellende Auflösung für die Geschichte. Die Bitte des Vaters an den älteren Bruder hängt einfach in der Luft, und das Gleichnis endet mit einem sanften Aufruf an ihn zur Buße. Das ist der Grund dafür, dass Jesus das Gleichnis erzählte: um ein Schlaglicht auf die Tatsache zu werfen, dass ein göttliches Flehen die Pharisäer erreichte – und damit es vorhanden bleibt für alle anderen, welche *meinen*, sie seien der Gnade und Gunst Gottes würdig.

Im Himmel erklingt Musik und Jubel über die Rückkehr jedes einzelnen Verlorenen. Und diese Festklänge sind für dich die Einladung, einzutreten. Wenn du außerhalb bleibst, kann es nur einen Grund dafür geben: Du bist nicht bereit zuzugeben, dass du – in deiner ganz eigenen Weise – auch ein Verlorener bist. Erst wenn du die Wahrheit über deine eigene moralische Not akzeptierst, wirst du dir selbst erlauben, zur Feier zu kommen. Bis dahin wirst du draußen bleiben, entweder in der Hoffnung, Gottes Lob zu ernten, oder in dem Versuch, Ihn davon zu überzeugen, dass du ein Fest *verdienst*.

Lieber Leser, wenn du nicht als ein Verlorener hineingekommen bist zur Feier, dann bitte – komm herein!